펼쳐 보는 우리 역사

공주·부여로 보는 백제

글 안미연 | 그림 무돌 | 감수 정재윤

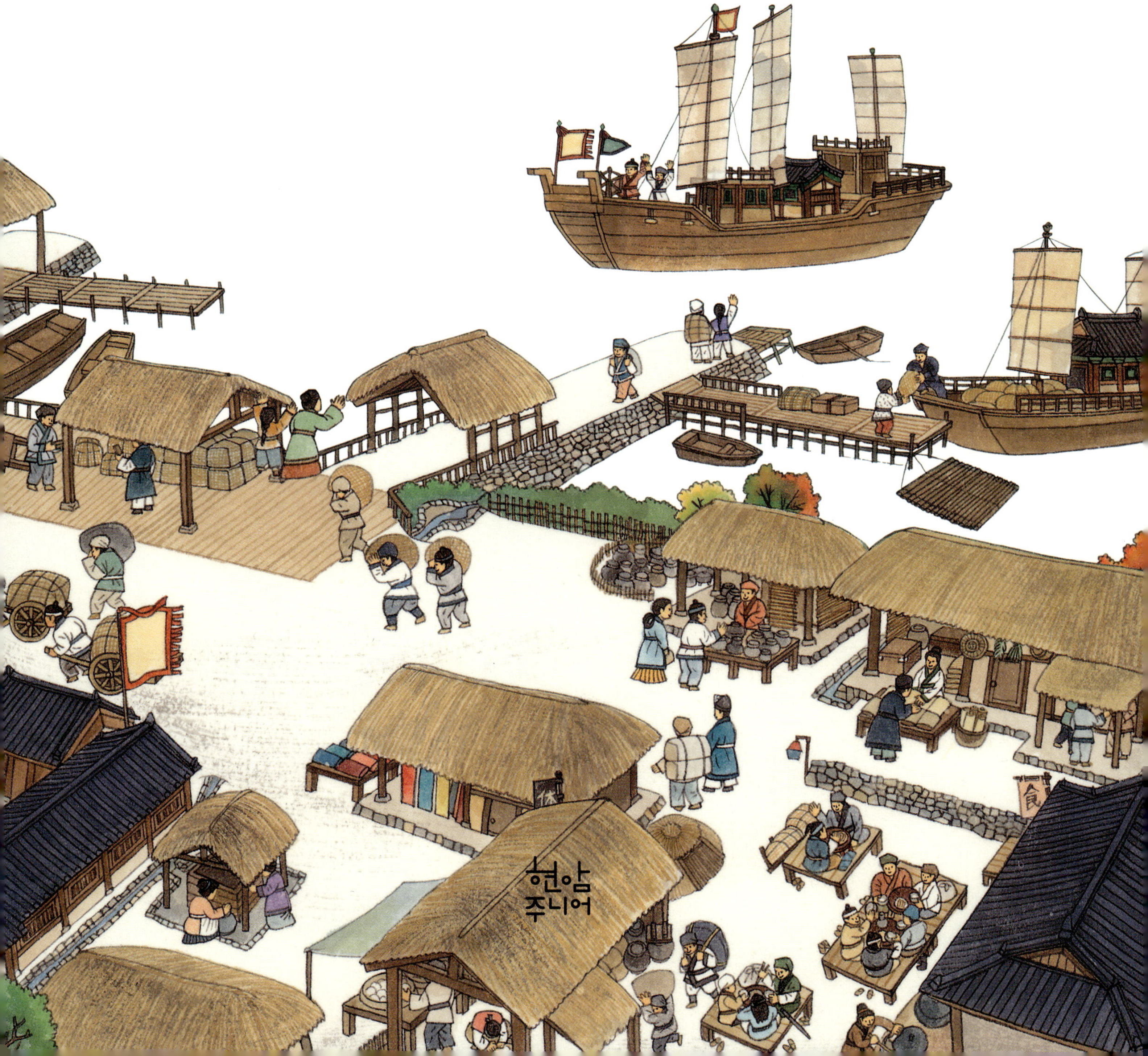

현암주니어

하늘이 만든 요새, 웅진성

웅진성은 백제가 한성 시대를 끝내고 남쪽으로 내려와 세운 새 도읍지예요. 사비로 도읍을 옮기기 전까지 60여 년 동안 백제의 왕궁이었지요. 웅진성은 북으로 차령산맥이, 동으로 계룡산이 막아 주는 하늘이 만든 요새였어요. 또한 드나드는 물길이자 방어선인 금강이 있었어요.

백제 역사가 숨 쉬고 있는 공주

공주는 백제의 숨결이 고스란히 느껴지는 역사 문화의 도시예요. 백제 문화의 보물 창고라는 무령왕릉이 있는 송산리 고분군, 백제의 역사를 한눈에 볼 수 있는 국립 공주 박물관이 있어요. 특히 백제 때 웅진성이라고 했던 공산성에는 백제의 왕궁이 있었다고 짐작해요.

고구려의 공격에 도읍지를 옮기다

한강 유역에 나라를 세운 백제는 넓은 평야에서 농사를 짓고, 한강을 따라 무역을 하면서 삼국 가운데 가장 부강한 나라가 되었어요. 그런데 고구려가 강해지면서 장수왕이 영토를 넓히기 위해 백제로 쳐들어왔어요. 백제는 도읍지 한성을 빼앗겼어요. 위태로워진 백제는 결국 도읍지를 남쪽 웅진으로 옮겨야 했어요.

하늘이 만든 안전한 도읍지 웅진성

새로운 도읍지 웅진은 아주 안전한 곳이었어요. 북으로 차령산맥이 고구려를 막고, 동으로 계룡산이 신라를 막았어요. 또한 웅진성 앞으로 흐르는 금강은 드나드는 길일 뿐 아니라 적의 침입을 어렵게 했지요. 웅진성을 둘러싼 능선과 계곡을 따라 산성을 쌓아 적의 침입에 대비를 했어요. 백제 마지막 왕 의자왕도, 조선 인조도 위급할 때 피난을 온 곳이에요.

웅진에서 힘을 다시 모은 백제

한강을 빼앗기고 약해진 백제는 웅진에서 다시 힘을 길렀어요. 안으로 제도를 정비하고 밖으로는 많은 나라와 무역을 했어요. 혼란스러웠던 백제는 동성왕을 지나 무령왕에 이르러 옛 번영을 되찾아 갔어요. 웅진성터에 남아 있는 건물의 흔적이나 연못과 우물, 저장고의 규모를 보면 알 수 있어요.

백제의 역사는 도읍지에 따라 나눈다

백제의 역사는 도읍지에 따라서 셋으로 나누어요. 기원전 18년 온조가 백제를 세우고 지금의 한강 부근에 도읍지를 정한 뒤, 번영했던 493년 동안을 한성기라고 해요. 두 번째 도읍지 웅진에서 지낸 63년 동안을 웅진기, 다시 사비로 옮겨 660년 멸망할 때까지 122년 동안을 사비기라고 불러요. 도읍지에 따라 나라와 백성들의 삶이 변했기 때문이에요.

글 안미연

연세대학교에서 심리학을 공부했습니다. 지금은 어린이책을 기획하며 글을 쓰고 있습니다.
쓴 책으로는 〈서울로 보는 조선〉, 〈경주로 보는 신라〉, 〈게임 없이 못 살아〉, 〈집 바꾸기 게임〉,
〈또박또박 반갑게 인사해요〉, 〈화내지 말고 예쁘게 말해요〉, 〈동갑인데 세배를 왜 해?〉 들이 있습니다.

그림 무돌

어린이들이 재미있게 읽을 수 있는 전통문화 그림책에 그림을 그리고 있습니다.
그린 책으로는 〈임금님 집에 예쁜 옷을 그려요〉, 〈비밀스러운 한복 나라〉, 〈큰일 났어요, 산신령 할아버지!〉,
〈도깨비 살려!〉, 〈하회탈, 다시 살아나다〉, 〈한가위만 같아라〉, 〈깨끗한 손〉 들이 있습니다.

감수 정재윤

서강대학교 대학원에서 학국고대사를 전공하여 문학박사 학위를 받았습니다.
지금은 공주대학교 사학과 교수, 백제학회 회장, 백제문화제추진위원회 자문위원이며,
백제역사유적지구 세계 유산 등재에 연구위원으로 참여하셨습니다.
연구 저서로는 〈사료를 보니 백제가 보인다〉, 〈백제사자료역주집—중국편(공저)〉,
〈인물로 보는 한권 백제(공저)〉 들이 있습니다.

공주·부여로 보는 백제

초판 1쇄 발행 | 2016년 4월 25일
초판 5쇄 발행 | 2024년 6월 10일

글쓴이 | 안미연
그린이 | 무돌
감수자 | 정재윤
펴낸이 | 조미현

책임편집 | 황정원
디자인 | 김수현

펴낸곳 | (주)현암사
등록 | 1951년 12월 24일 · 제10-126호
주소 | 04029 서울시 마포구 동교로12안길 35
전화 | 02-365-5051 · **팩스** | 02-313-2729
전자우편 | child@hyeonamsa.com
홈페이지 | www.hyeonamsa.com
블로그 | blog.naver.com/hyeonamsa
인스타그램 | www.instagram.com/hyeonam_junior

© 안미연, 무돌, 2016

ISBN 978-89-323-7413-0 73900

* 이 책은 저작권법에 따라 보호를 받는 저작물이므로 저작권자와 출판사의 허락 없이
  이 책의 내용을 복제하거나 다른 용도로 쓸 수 없습니다.
* 책값은 뒤표지에 있습니다. 잘못된 책은 바꾸어 드립니다.
* 현암주니어는 (주)현암사의 아동 브랜드입니다.

제조명 도서 | 전화 02-365-5051
제조년월 2024년 6월 | 제조국명 대한민국
제조자명 (주)현암사 | 사용연령 8세 이상
주소 서울시 마포구 동교로12안길 35
주의: 책 모서리에 부딪히거나 종이에 베이지 않도록 주의해 주세요.
* KC 마크는 이 제품이 공동안전기준에 적합하였음을 의미합니다.

백제의 힘을 되찾은 동성왕과 무령왕

고구려를 피해 도읍지를 웅진으로 옮겼지만 백제는 힘을 간직한 나라였어요. 새로운 도읍지에서 백제는 다시 강한 나라로 나아가기 위한 발돋움을 했어요.

한 발짝 뒤로 물러난 웅진 시대의 시작

도읍지를 웅진으로 옮긴 문주왕은 나라를 안정시키기 위해 노력했어요. 하지만 귀족들의 뜻이 흩어지고, 황해를 지배하던 힘을 고구려에게 빼앗겨 중국과 교류를 할 수 없게 되었어요. 문주왕이 죽임을 당하고 뒤를 이은 어린 왕도 일찍 죽으면서 왕의 힘은 몹시 약해지고 나라 살림도 불안해졌어요.

웅진에 터전을 잡아 가는 동성왕

동성왕은 땅에 떨어진 왕의 힘을 다시 세우기 위해 노력했어요. 신라 왕족 이찬 비지의 딸과 결혼하여 신라의 힘을 업고, 사씨, 연씨, 백씨 같은 금강 지역의 세력과도 손을 잡아 힘을 길렀어요. 중국 남제와 교역을 하면서 국제적 힘도 얻고 고구려의 침입도 대비했어요. 동성왕의 노력은 백제 번영의 발판을 마련했어요.

웅진 시대의 꽃을 피운 무령왕

동성왕의 뒤를 이은 무령왕은 웅진 시대의 꽃을 피웠어요. 다시 바닷길을 열어 중국 남조의 양과 교류하고 이웃한 신라, 바다 건너 일본과 힘을 합쳐 고구려의 힘을 억눌렀어요. 제방을 수리하고 금강 주변을 농토로 만들어 농민의 생활을 안정시켰어요. 무령왕릉과 그곳에서 나온 유물들만 보아도 무령왕 때의 번영을 알 수 있어요. 특히 중국의 양에게 '영동대장군'이라는 이름을 받을 정도로 국제적으로도 이름을 높였지요.

막강한 힘을 자랑했던 한성 백제

678년 동안의 백제 역사 가운데 493년 동안은 한성에서 이루어졌어요. 나라의 기틀을 다졌으며 최고의 번영기도 누렸어요. 웅진으로 도읍지를 옮기기 전, 한성 백제는 어떤 나라였을까요?

백제를 세운 온조

백제는 온조가 세웠다고 전해져요. 온조는 고구려를 세운 주몽의 아들이라고 해요. 그런데 주몽이 부여에 있을 때 낳은 아들 유리가 고구려로 찾아오자, 주몽은 유리를 고구려의 태자로 삼았어요. 그러자 온조와 비류 형제는 고구려를 떠나 남쪽으로 내려왔어요. 비류는 미추홀에, 온조는 위례성에 새로운 나라를 세웠어요. 점점 세력을 키워 가면서 나라 이름을 '백제'라고 했어요.

국가의 바탕을 마련한 고이왕과 비류왕

고이왕은 국가의 모습을 갖추는 노력을 했어요. 관리의 등급을 16개로 구분하고 6좌평을 두어 고구려나 신라보다 훨씬 정비된 체제를 만들었어요. 또한 관리들이 뇌물 받는 것을 금지하는 법을 만들고, 남쪽 땅을 일구어 농업 생산량을 높이기도 했지요. 비류왕은 뛰어난 토목 기술로 김제에 벽골제라는 큰 저수지를 지었어요. 덕분에 농사를 더 잘 지을 수 있게 되었고 백성들의 생활도 더욱 풍족해졌어요.

불교를 인정한 침류왕

침류왕은 처음으로 불교를 인정했어요. 인도의 승려 마라난타가 중국을 통해 백제로 들어오자 침류왕은 마라난타를 궁으로 오게 해 받들었어요. 다음 해 불교 사원을 짓고 10명의 승려를 두었어요. 이것이 바로 백제 불교의 시작이에요. 불교는 왕을 중심으로 백성들의 마음을 하나로 묶는 힘이 되었어요.

1500년 긴 잠에서 깨어난 무령왕릉

공주 송산리 고즈넉한 언덕에 동산 같은 무덤들이 옹기종이 모여 있어요.
그 가운데 무령왕릉은 우리나라 고대 역사에서 주인을 확실하게 아는 단 하나의 무덤이에요.
무령왕릉에 묻혀 있던 무령왕은 1500년이 넘는 깊은 잠에서 깨어나 4600여 점의
유물과 함께 백제의 문화를 알려 주고 있어요.

두 개의 벽돌 방이 이어진 무덤

무령왕릉은 무덤길과 무덤방이 연결됐어요. 무덤은 주로 연꽃무늬가 새겨진 벽돌을 가로세로로 차곡차곡 쌓고 그 위를 흙으로 덮었어요. 지붕은 둥근 아치형으로 설계했어요. 벽돌은 와박사 같은 전문 기술자들이 구워서 만들었다고 짐작해요. 무덤방에는 왕과 왕비의 관이 나란히 놓여 있어요.

무덤 주인을 알려 준 지석

무령왕릉에는 지석 두 장이 나란히 있어요. 국보 제163호인 지석에는 무령왕이 예순두 살에 죽었고 언제 장례를 치렀다는 기록이 새겨져 있어요. 지석으로 무덤의 주인이 누구인지를 알고, 간단하지만 백제 장례 풍습도 짐작할 수 있어요. 특히 왕의 무덤을 짓는 땅을 토지신들에게 샀다고 써 있어요. 그 값으로 중국의 돈 '오수전'이 놓여 있었어요.

왕과 왕비를 지키는 진묘수

무덤길 입구에는 돌로 만든 짐승이 버티고 있어요. 툭 튀어나온 왕방울 눈, 철로 만든, 닭 볏처럼 뻗은 뿔이 있어요. 통통한 몸에서 뿜어 나오는 기운은 왕과 왕비의 깊은 잠을 지키기에 모자람이 없어요. 진묘수는 무덤을 지키는 상상의 동물이에요. 중국의 영향을 받았지만 백제만의 섬세한 손길로 더 귀엽게 만들어졌어요.

바다를 건너온 금송으로 만든 관

무령왕과 왕비의 관은 금송이라는 나무로 만들어졌어요. 금송은 일본에서만 자라는 나무이지요. 아마 일본에서 들여와 백제에서 관을 만들었을 거라고 해요. 옻칠을 한 관에 금과 은으로 장식을 했어요. 또한 무덤에는 금송 관과 함께 중국의 항아리, 청동 거울, 동남아시아 구슬 들이 있어 무령왕 때 많은 나라와 교류를 했다는 사실을 알 수 있어요.

찬란한 백제 예술을 품고 있는 무령왕릉

무령왕릉에는 웅진 시대의 꽃을 피운 무령왕과 왕비가 잠들어 있어요. 무덤방 앞에 놓인 두 장의 네모난 지석에는 무덤 주인이 누구인지 쓰여 있어요. 그 뒤로는 동물 모양의 진묘수가 무서운 눈을 뜨고 왕과 왕비의 무덤을 지키고 있어요.

가장 강한 백제를 이룩한 근초고왕

근초고왕은 가장 넓은 영토를 차지하고 외국과 크게 교류하여 가장 부강한 백제를 만들었어요.

동서남북 정복으로 가장 넓어진 영토

근초고왕은 강한 왕이 되기 위해 정복을 나섰어요. 남으로 마한을 정복하여 지금의 전라도 땅을 전부 차지했어요. 가야도 백제의 영향권 안으로 넣었어요. 고구려와 싸워 평양성까지 공격하기에 이르렀어요. 근초고왕은 고구려의 고국원왕을 전사시키고 마침내 백제 역사상 가장 넓은 영토를 차지했어요.

중국, 신라, 일본으로 이어지는 외교 활동

근초고왕은 고구려에 대항하기 위해서 신라와 교류했어요. 또한 중국 동진과 교류해 국제 사회에 백제를 널리 알렸어요. 일본과도 교류하면서 바닷길을 통해 교류 왕국으로 발전했어요. 일본에는 백제의 앞선 문화를 전했는데 '칠지도'를 보내고, 아직기 등을 보내 유학을 전했어요. 백제의 역사책 〈서기〉를 만들라고 명하기도 했어요.

개로왕은 정말 바둑 때문에 죽었을까?

〈삼국사기〉에 보면 한강 지역을 차지하고 싶었던 고구려 장수왕은, 도림이라는 승려를 백제에 첩자로 보냈어요. 도림은 바둑을 두면서 개로왕과 가까워지자 거대한 성곽을 지으라고 왕을 부추겼어요. 개로왕은 도림의 말대로 성곽 공사를 시작했어요. 이 때문에 나라의 재산이 바닥나고 백성들의 원망이 높아졌지요. 이 틈에 장수왕이 쳐들어와 개로왕을 죽이고 한강을 차지했어요. 그러나 사실 개로왕은 고구려의 침략에 대비했어요. 다만 지나치게 왕의 힘을 키우느라 백성들의 믿음을 잃어버려 나라가 흔들렸다고 해요.

교과서 돋보기

무령왕과 왕비가 전하는 백제의 예술혼

무령왕릉에는 많은 유물들이 들어 있었어요. 왕과 왕비의 권위를 드러내는
유물 가운데 무려 17개가 국보이지요. 왕과 왕비의 목소리로
어떤 유물들이 있는지 들어 보아요.

날개를 편 새 모양의 뒤꽂이
나는 상투를 틀고 그 위에 단정하게
뒤꽂이를 했지. 마치 새가 날개를 펴고
날아가는 듯한 모양이 아니냐? 백제의
높은 기상과도 같단다. 여덟 개의 꽃
이파리를 아로새겨 놓은 백제의 솜씨
또한 더없이 자랑스럽구나.

최고 지배자의 둥근 고리 큰 칼
난 손잡이 끝에 둥근 고리가 있는 칼을
지니고 있단다. 둥근 모양과 연결된
끈은 전투할 때 손목에 감싸 칼을
떨어뜨리지 않기 위해서니라.
내가 지닌 둥근 고리 큰
칼에는 용무늬를 새겼단다.
최고의 지배자를
상징하지.

두꺼비와 도깨비가 새겨진 허리띠
내가 차고 있는 허리띠는 금과 은으로
만들었단다. 특히 허리띠의 끝 장식을 보거라.
구멍을 뚫는 투각 기법으로 새겨진 두꺼비는
영험하고, 도깨비는 나쁘고 악한 기운을
쫓는단다. 나와 백제를 지키는 것들이니라.

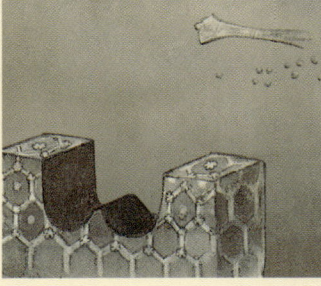

35센티미터나 되는 커다란 신발
설마 나와 왕비의 발이 35센티미터나 되겠느냐.
그렇다면 보통 때 신던 신발은 아니라고 짐작할 수
있겠지. 쇠못과 장신구를 달고 화려한 투각 무늬를 새겨
놓은 신발을 신고 나와 왕비는 하늘 길에 올랐단다.

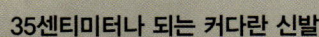

큰 나라 백제 사람들은 어떻게 살았을까?

백제 사람들은 넓은 땅에서 농사를 짓고, 저수지도 두어 많은 수확을 거두었어요. 황해와 남해에서 나는 해산물도 먹고 뛰어난 기술로 지은 아름다운 집에서 살았어요.

키가 크고 깨끗한 백제 사람들
중국의 역사책 〈남사〉에 백제 사람들은 키가 크고 의복이 깨끗하다고 했어요. 관리는 등급에 따라 자주색, 다홍색, 푸른색의 옷을 입었다고 해요. 왕은 소매가 큰 자주색 두루마기와 푸른 비단 바지를 입고 머리에는 금꽃으로 장식한 검은 비단 관을 썼다고 전해져요.

오곡과 채소, 생선을 먹던 백제 사람들
백제의 유적지에서 보리, 콩, 조 같은 곡물이 발견되었어요. 또 배, 잣, 매실, 복숭아, 오이 등의 씨가 있어 이런 것을 먹었다고 짐작해요. 백제 사람들은 소, 말, 돼지 같은 가축도 기르고 생선도 먹었어요. 특히 무령왕릉에서는 은어와 도미, 조기의 뼈가 나왔어요. 아마 죽은 사람을 위한 음식이었거나 물고기가 신령한 용으로 변한다는 믿음에서 넣었을 거라고 해요.

온돌로 따뜻하게 지냈던 백제 사람들
백제 사람들은 처음에, 구덩이를 깊이 파고 그 위에 지붕을 얹은 움집에서 살았어요. 안에 있는 화덕이나 아궁이는 음식을 만들 뿐 아니라 집 안을 따뜻하게 했을 거예요. 집이 땅 위로 올라오고 기와를 얹은 기와집은 웅진 도읍지 때부터라고 해요.

뛰어난 건축 기술을 지닌 백제 사람들
한성의 성벽이나 웅진성, 사비성의 성벽을 보면 흙으로 쌓았지만 특별한 방법을 써 쉽게 무너지지 않고 단단해요. 또한 왕궁이나 절도 아름다우면서도 아주 튼튼해요. 도읍지에는 상하수도 시설도 있었다고 해요. 모두 뛰어난 백제의 건축 기술을 보여 주지요.

하늘로 솟는 왕의 금 불꽃
중국의 옛 기록에 보면 '백제의 왕은 검은 비단 관을 쓰고 금꽃으로 장식을 했다.'고 했지. 비록 비단 관은 세월에 삭아 버렸지만 금꽃은 지금도 찬란한 빛을 내지 않느냐? 나의 금 불꽃을 잘 살펴보거라. 오른쪽과 왼쪽이 다르단다. 마치 불꽃이 하늘을 향해 타오르듯이 힘차지. 백제를 큰 나라로 만들겠다는 왕의 꿈처럼 말이다.

우아하게 솟는 왕비의 금 불꽃
왕비라면 살아서도 죽어서도 우아해야겠지. 금제 장식 역시 그리 만들었단다. 왕의 장식과 비교하면 불꽃이 오른쪽과 왼쪽이 똑같단다. 둥글면서 포근하고 단정하고 고요한 모양이 꼭 왕비가 갖추어야 할 덕처럼 보이지 않느냐.

섬세한 금장식의 귀고리
금으로 만든 백제의 귀고리는 신라 것보다 부드럽고 더 섬세하지. 왕은 한 쌍, 왕비인 나는 머리에 두 쌍, 발받침 쪽에 두 쌍을 두었지. 검푸른 구슬 위에 금으로 덧댄 기술은 누구도 따라올 수 없는 우리 백제의 특징이란다.

간단하면서도 짜임새 있는 목걸이
나는 여러 마디를 연결한 금목걸이를 목에 걸고 있지. 마디는 6센티미터 정도이고 가운데가 더 넓으며 약간 휘어져 있지. 간결하면서도 세련된 백제의 멋을 고스란히 담아낸 작품이란다.

만든 사람이 새겨진 은제 팔찌
내가 가장 아끼는 팔찌이다. 바깥쪽에 용 두 마리가 새겨졌는데 긴 허리의 용이 머리를 뒤로 돌리고 있어. 용의 꼬리는 다른 용의 목 밑으로 포개지도록 무늬를 새겼지. '다리'라는 장인이 나를 위하여 만들었으며 언제, 얼마큼의 재료로 만들었는지를 안쪽에 써 두었단다. 이 기록이 후손들에게 무척 귀한 자료가 될 것이니라.

머리와 발을 받친 베개
왕과 왕비의 무덤이라면 뭔가 달라야겠지? 그 가운데 하나가 나무 베개와 발받침이니라. 살아서 썼던 것처럼 베개는 반달 모양으로, 발받침은 W 자 모양으로 파내었단다. 왕비인 나의 베개에는 봉황, 주작 같은 조각품이 달려 있느니라. 왕의 발받침은 옻칠을 하고 화려한 금꽃을 달았다. 우리 백제 사람들의 섬세하고 화려한 솜씨는 나조차도 놀랍단다.

새로운 번영을 꿈꾸며 사비로 가다

성왕은 다시 한 번 백제의 번영을 꿈꾸며 도읍지를 옮겼어요. 비좁은 웅진을 뒤로하고 금강을 끼고 넓은 평야가 있는 사비를 세 번째 도읍지로 정했어요. 성왕은 빈틈없이 계획해서 도시를 만들었어요. 사비에서 백제는 가장 발전한 문화를 이룩했어요.

더 넓은 땅으로 나가다

두 번째 도읍지 웅진은 적을 방어하기에는 좋지만 더 큰 번영을 이루기에는 좁았어요. 무령왕 때 나라가 안정되고 강한 힘을 되찾자, 뒤를 이은 성왕은 새로운 도읍지를 찾았어요. 바로 사비, 지금의 부여이지요. 바닷길로 나가기 더 편하고 넓은 들판을 낀 사비에 세 번째 도읍지를 세웠어요.

건축 기술의 꽃을 피운 사비

한성 도읍지 때부터 쌓아 온 백제의 건축 기술은 사비에서 가장 꽃을 피웠어요. 물이 많은 습지였던 사비의 땅을 다져 그 위에 도시를 세웠어요. 튼튼한 집을 짓고 반듯한 길을 자갈로 포장했으며 상하수도 시설까지 만들었어요. 나성은 흙을 다져서 쌓는 판축 기술로 단단하게 만들었어요.

하나에서 열까지 계획한 도시

성왕은 빈틈없이 계획했어요. 금강을 반달 모양으로 끼고 부소산을 등 뒤에 둔 안전한 자리에 왕궁을 지었어요. 도시 전체를 동, 서, 남, 북, 중앙, 다섯으로 나누어 개발해 왕도 5부제를 만들었어요. 가로세로로 낸 가지런한 길은 지금도 쓰일 정도로 편리했어요.

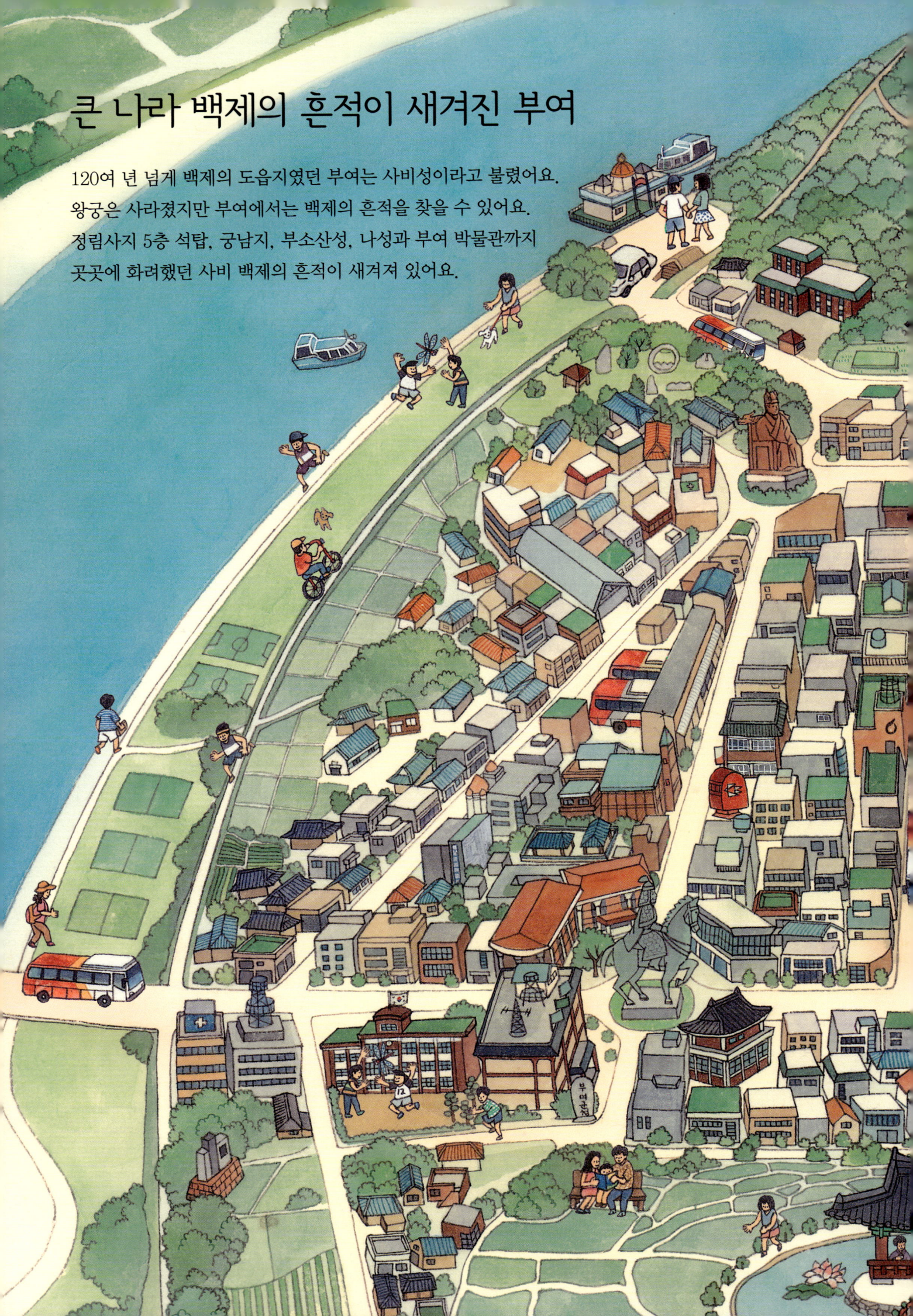

큰 나라 백제의 흔적이 새겨진 부여

120여 년 넘게 백제의 도읍지였던 부여는 사비성이라고 불렸어요. 왕궁은 사라졌지만 부여에서는 백제의 흔적을 찾을 수 있어요. 정림사지 5층 석탑, 궁남지, 부소산성, 나성과 부여 박물관까지 곳곳에 화려했던 사비 백제의 흔적이 새겨져 있어요.

큰 나라를 만들고자 한 성왕의 꿈

성왕은 백제가 다시 한 번 번영을 누리며 더욱 '큰 나라'가 되기를 꿈꾸었어요. 성왕은 백제의 전통을 살리면서도 더 많은 나라와 교역을 해 국제적으로도 이름을 남기기를 원했어요.

백제의 새 이름 '남부여'

성왕은 사비로 도읍지를 옮기고 나라의 이름을 백제에서 '남부여'로 바꾸어요. 백제를 세운 온조가 부여에서 내려왔다는 것을 강조했지요. 이것은 왕실의 전통과 왕권을 강화하기 위해서였어요. 또한 중앙 통치 조직과 지방 조직도 튼튼하게 바꾸었어요.

다른 나라와 활발한 교류

성왕은 중국의 양과 활발하게 교류했어요. 〈시경〉에 능통한 모시박사, 기술자인 공장, 그림을 잘 그리는 화공들을 불러와 문화 수준을 높였어요. 외국에서 들여온 문화를 백제의 것으로 새롭게 만들어 일본에 전했어요. 일본에 불교를 전하고 의박사, 역박사 등 전문가와 기술자를 보냈어요.

신라와 함께 다시 찾은 한강

성왕은 한강을 다시 찾고 싶었어요. 신라, 가야와 손을 잡고 고구려를 쳤어요. 때마침 고구려는 돌궐의 침입을 받고, 안으로는 왕위를 놓고 다투고 있어 백제의 공격을 막아 내지 못했지요. 마침내 백제는 한강 하류를 다시 차지했지요. 신라는 한강 상류를 점령했어요.

관산성에서 스러진 성왕의 꿈

신라는 중국과 직접 교류를 하고 싶어 백제의 한강 하류를 탐냈어요. 신라는 한강 하류를 빼앗았지요. 화가 난 성왕은 신라를 공격했어요. 처음에는 백제가 우세했지만 관산성 전투에서 크게 패하고 성왕마저 사로잡혀 죽고 말았어요. 결국 큰 나라 백제를 다시 세우고자 했던 성왕의 꿈도 스러졌어요.

교과서 돋보기

백제의 최고 작품 금동대향로의 비밀

부여 능산리 절터에서 발굴된 유물 하나가 세상을 떠들썩하게 했어요. 바로 금동대향로라는 작품에, 백제의 예술과 과학 기술이 고스란히 담겨 있었기 때문이에요. 그 속에 숨은 비밀들은 더욱 흥미로워요.

첫 번째 비밀, 2단일까 3단일까?
금동대향로는 몸체와 뚜껑으로 이루어진 2단이에요. 그러나 닫힌 상태에서 보면 탐스러운 연꽃 봉오리를 용이 입으로 물어 올리고, 맨 위에 봉황이 앉아 있어 마치 3단처럼 보이지요. 용 위에 연꽃, 그 위에 신선이 사는 산, 그 위에 봉황, 또 이렇게 보면 4단처럼 보이기도 한답니다.

두 번째 비밀, 멈췄을까 움직일까?
향로를 받치고 있는 용은 힘껏 용틀임을 하면서 치솟아 오르려고 해요. 또한 추어올린 한쪽 발은 기가 막히게 균형을 잡았어요. 봉황은 부리와 목 사이에 여의주를 품고 날갯짓하려고 꼬리를 한껏 추어올려 금방이라도 움직일 듯하지요. 받침은 연꽃 모양이고 뚜껑은 묵직한 산이에요. 꽃과 산이 멈춰 있는가 하면 용과 봉황은 꿈틀거리고 있지요.

세 번째 비밀, 숨어 있는 수, 다섯
뚜껑에 있는 산은 다섯 개의 봉우리가 다섯 번 겹쳐 첩첩하게 엇갈려 자리했어요. 몸통의 연꽃은 꽃잎이 다섯 단으로 겹쳐 올라가요. 다섯의 비밀은 산속에도 숨어 있어요. 산봉우리에 앉아 저마다 다른 악기를 연주하는 악사도 다섯 명이에요.

네 번째 비밀, 물과 산이 만나다
용은 물에 사는 상상의 동물이에요. 연꽃은 물속에 뿌리를 두고 물 위로 피어오르는 꽃이지요. 연꽃은 마치 용의 입에서 나오는 기를 받아 피어나는 듯해요. 산을 타고 앉은 봉황은 절로 노래하고 절로 춤춘다고 하는데 다섯 악사들과 함께 있지요.

다섯 번째 비밀, 불로장생하는 신선 세계
영원히 죽지 않는다는 전설의 새 불사조, 오래 산다는 사슴과 학과 물고기 등 여러 짐승이 연꽃잎에 새겨졌어요. 첩첩 산에는 계곡, 폭포, 호수, 솔숲, 바위 들이 펼쳐져요. 이렇게 금동대향로는 불로장생하는 동물들과 신선이 어우러진 이상향을 표현했지요. 아마 백제 사람들이 살고 싶었던 세상일지도 모르겠어요.

여섯 번째 비밀, 감춰진 12개의 구멍
금동대향로는 이름 그대로 향을 피우는 화로예요. 향을 피우면 봉황 앞가슴에서 2개, 다섯 악사의 앞뒤로 5개씩, 모두 12개의 구멍에서 향이 피어올라요. 감춰진 구멍들에서 향이 나오면 마치 깊은 산 곳곳에서 구름이 피어오르는 듯해요.

일곱 번째 비밀, 과학 기술의 상징
금동대향로는 보통 향로보다 두 배나 커요. 뛰어난 기술의 결과예요. 이렇게 큰 향로가 이어진 부분이 네 군데밖에 없다는 점도 백제의 높은 기술력을 자랑하지요. 전체적으로 금동을 입히면서도 이처럼 섬세하고 정교하게 만든 금속 기술은 지금도 따라가기 힘들다고 해요.

동아시아 바다를 잇는 교류 왕국 백제

백제는 서쪽과 남쪽으로 뚫린 뱃길로 다른 문화를 빠르게 들여 백제의 맛을 더해, 다른 나라와 무역을 하고 문화를 전했어요. 멀리 중국 남쪽에서 일본까지 잇는 교류 왕국으로 발전했어요.

백제는 강과 이어져 있었다

백제가 처음 자리를 잡았던 한성은 한강을, 두 번째 도읍지 웅진성, 세 번째 도읍지 사비성은 금강을 끼고 있어요. 이 강을 따라가면 황해에 닿지요. 백제는 황해를 통해 멀리 외국 여러 나라까지 갈 수 있었어요. 동아시아 교통의 중심에 자리 잡은 지리적 장점을 살려 백제는 문화 교류를 이끌었어요.

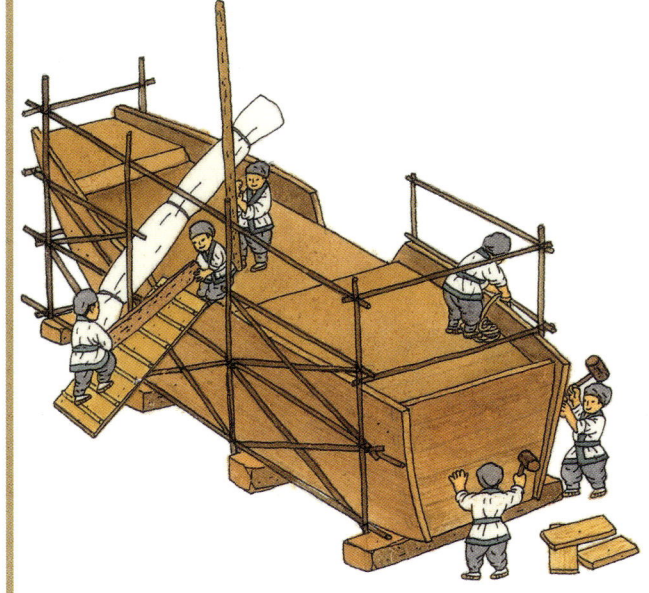

백제에는 뛰어난 배가 있었다

백제가 국제 교류국이 될 수 있었던 가장 큰 힘은 뛰어난 배를 만드는 기술이에요. 일본에서 '백제선'이라고 하면 아주 훌륭한 배로 통했다고 해요. 신라도 백제에게서 배 만드는 기술을 배웠다고 해요. 특히 남중국까지 멀리 가기 위해 배 바닥을 평평하게 만들고 배를 크게 만드는 기술이 백제 사람들에게 있었다고 해요.

백제는 황해를 누볐다

백제는 황해를 통해서 남중국도 가고, 일본까지도 갔어요. 백제 사람들은 한없이 넓은 황해를 지나는 길을 잘 알고 있었어요. 백제는 능숙하게 바닷길을 오가며 다양한 문화를 받아들이고 다른 나라에 전했어요. 특히 일본에 큰 영향을 주었어요. 일본의 최초 불교 문화인 아스카 문화가 생겨나는 데 가장 큰 역할을 했어요.

낙화암을 찾아가는 구드래 나루터

부여 옆으로 흐르는 금강을 백마강이라고 해요. 백마강으로 나가는 구드래 나루터는 백제 사람들이 중국과 일본까지 나가고 들어오던 항구였어요. 지금은 조용한 도시 부여를 관광하기 위해, 낙화암을 보기 위해 배를 띄우는 나루터예요.

백제는 열린 문화를 만들었다

국제 교류에서 백제의 가장 큰 장점은 열린 마음이었어요. 열린 마음으로 다른 문화를 받아들이고 한발 더 나아가 백제만의 온화한 멋과 부드러운 맛을 더하여 백제의 새 문화를 만들었어요. 무령왕릉의 구조나 유물들, 금동대향로에 새겨진 조각들만 보아도 중국을 비롯해 여러 문화를 받아들여 한층 발전된 백제 문화로 만든 것을 알 수 있어요.

백제는 동아시아 중심에 있었다

백제는 동아시아의 중심에 있었어요. 가장 힘이 센 고구려에 맞서기 위해 신라, 가야, 중국, 일본과 좋은 관계를 맺었어요. 중국과 일본을 잇는 국제 무역의 중심점이기도 했어요. 또한 중국의 앞선 문화를 신라나 일본에 전하는 전달자 역할까지 톡톡히 해냈지요.

백제는 여러 문물을 주고받았다

중국 양나라의 화가가 그린 〈양직공도〉란 그림에는 백제 사신의 모습이 당당하게 그려져 있어요. 〈양직공도〉에는 양나라에 온 백제, 일본, 페르시아 등 12개 나라의 사신과 그 나라의 풍습이 소개돼 있어요. 백제는 비단, 곱게 짠 베, 제련 기술을 자랑하는 덩이쇠, 활, 갑옷과 같은 무기들을 중국에 팔았어요. 훌륭한 기술로 만든 금속 공예품을 일본에 전했지요. 백제 사람들은 여러 나라와 교류했을 거라고 짐작돼요.

일본 속에 백제가 살아 있어요

백제는 앞선 문화를 받아들여 백제의 문화로 새롭게 탄생시켰어요. 또 새로운 백제 문화를 일본에 전했어요. 한학자부터 전문 박사까지 보내 일본 문화의 기초를 만들어 주었어요.

유학을 전한 아직기와 왕인

아직기는 왕의 명으로 좋은 말을 두 필 가지고 일본으로 갔어요. 일본에 말을 기르는 법과 승마 방법을 가르쳐 주었지요. 일본 왕은 유학에 뛰어난 아직기를 태자의 스승으로 삼았어요. 일본 왕이 아직기보다 더 뛰어난 사람이 백제에 있냐고 묻자 아직기는 왕인이 있다고 했지요. 이에 왕인을 초청하자 왕인은 〈논어〉와 〈천자문〉을 들고 가 일본에 유학을 전했어요.

불교를 전한 노리사치계와 혜총

노리사치계는 백제의 귀족이었어요. 성왕의 명을 받아 일본에 불교를 처음 전했다고 알려졌어요. 그 뒤 위덕왕 때 혜총이라는 승려가 불교를 일본에 널리 전파했어요. 혜총은 호코지라는 절이 지어지자 그곳에 살면서 일본 불교계에서 크게 활동했어요.

일본의 국보가 된 백제의 칠지도

'칠지도'란 마치 7개의 나뭇가지가 뻗은 듯해서 붙여진 이름이에요. 근초고왕이 일본에 준 칼이라고 전해지는 칠지도는 백제가 쇠를 다루는 기술이 얼마나 섬세했는지를 보여 주어요. 칼에 아름다운 글자를 상감 기법으로 새겨 금을 박아 넣었어요. 이런 모양과 기술로 만든 칼은 어디에도 없어요. 일본의 국보가 될 정도로 아름답지요.

일본의 눈을 뜨게 해 준 백제의 박사들

백제는 기술을 지닌 박사들도 일본에 보냈어요. 천문과 역법, 지리를 알려 주었으며, 절을 짓는 기술자나 와박사, 그림을 그리는 화공, 의학을 잘 아는 의박사도 보냈어요. 화공은 아니지만 위덕왕의 아들 아좌 태자는 일본 쇼토쿠 태자의 초상화를 그려 주었는데, 지금 일본에 남아 있는 그림 가운데 가장 오래된 초상화예요.

일본 불교 예술 속에 살아 있는 백제

백제는 일본 불교 예술에도 큰 영향을 주었어요. 호류지 탑은 정림사지 5층 석탑과 겉모양이 달라 보여도 비례 원리가 닮아 있어요. 또한 코류지 목조 미륵보살 반가 사유상은 금동 미륵보살 반가 사유상과 똑 닮았어요. 금동 미륵보살 반가 사유상은 삼국 가운데 어느 나라의 것인지 아직 정확하게 밝혀지지 않았어요. 일본의 절터에서 나온 기와도 백제의 기와와 아주 비슷하고 절을 짓는 방식도 백제를 따라 했다고 해요.

백제의 무역을 담은 바둑판

의자왕이 일본에 선물했다고 전해지는 아름다운 바둑판이 있어요. 스리랑카의 자단나무로 만든 바둑판은 상아로 줄을 그었어요. 옆면에는 낙타와 공작 들이 그려져 있지요. 상아로 만든 바둑알마다 꼬리가 긴 새가 그려졌고 함에는 코끼리가 그려져 있어요. 모두 백제에서 나지도 살지도 않는 것으로, 백제가 다양한 나라와 교역했다는 것을 보여 주지요.

사비의 중심 가람, 정림사

중국의 〈주서〉라는 책에 보면 사비성에는 '절과 탑이 매우 많다.'라고 했어요. 이처럼 백제는 절과 탑의 나라로 유명했어요. 사비성의 동쪽에 능사, 서쪽에 동남리 절, 남쪽에 군수리 절, 북쪽에는 서복사가 있었다고 해요. 그 가운데 정림사는 사비의 중심 절이었어요.

하나의 탑과 하나의 금당

성왕은 사비성을 계획할 때부터 도시 한가운데 정림사를 세우기로 했어요. 백제가 불교의 중심지라는 뜻이기도 하지요. 정림사는 탑이 하나, 금당이 하나인데 백제의 절은 거의 같은 형식이에요. 남문, 중문, 탑, 금당, 강당이 남북으로 이어지고 중문과 강당은 회랑으로 연결되었을 거라고 해요.

정교한 백제 솜씨, 정림사지 5층 석탑

정림사지 5층 석탑은 목탑의 모양새를 살리면서 돌로 만들었어요. 돌을 깎아 낸 솜씨뿐 아니라 정확한 수학 계산에 맞춰 세워졌다는 사실이 놀라워요. 그 뒤에 세워진 석탑은 거의 정림사지 5층탑의 모양을 따르고 있어요. 당나라의 장수 소정방이 백제를 멸망시키고 자신의 공을 탑에 새겨 '평제탑'이라고 불린 아픈 역사가 있지만 본디 이름은 '백제 5층 석탑', 혹은 '부여 정림사지 5층 석탑'이에요.

또 하나의 백제 가람, 미륵사

사비성의 정림사와 함께 백제의 대표 절이 바로 미륵사예요. 무왕이 익산에 지었다는 미륵사는 우리나라에서 가장 큰 절이었다고 해요. 또한 우리나라에서 딱 하나 탑이 세 개, 금당이 세 개인 절이에요. 고구려, 백제, 신라가 영토를 서로 뺏고 빼앗기던 시기에 불교의 힘을 빌려 나라의 뜻을 모으기 위해 지은 절이라고 해요.

아내의 소원을 들어준 무왕

〈삼국유사〉에 보면 어느 날 무왕이 왕비와 함께 사자사라는 절에 가려고 용화산(지금의 미륵산) 아래를 지나는데 미륵 삼존이 연못에서 나타났어요. 무왕이 수레를 멈추고 절을 올렸어요. 왕비가 "이곳에 큰 절을 세워 주세요. 진실로 제 소원입니다."라고 청하자 왕이 들어주었어요. 사자사의 지명 법사가 하룻밤 사이에 산을 무너뜨려 연못을 메우고 여기에 세운 절이 바로 미륵사라고 해요.

흔적 위에 서 있는 정림사지 5층 석탑

백제의 절은 그리 많이 남아 있지 않아요. 백제의 중심 절이었던 정림사도 티만 남고 5층 석탑만 서 있어요. 이곳에 세워진 정림사지 박물관에서 백제의 불교 문화와 정림사 터에서 나온 유물들을 볼 수 있어요.

절, 탑, 불상에서 드러난 불교 예술

백제 사람들은 백제가 바로 불교의 중심지라고 여겼어요. 이런 믿음 위에 백제의 섬세하고 세련된 기술이 더해져 백제의 불교 예술은 무척 아름다워요.

목탑에서 석탑으로, 익산 미륵사지 석탑

우리나라에 남아 있는 탑 가운데 가장 오래되고 가장 규모가 큰 탑이 익산 미륵사지 석탑이에요. 미륵사지 석탑 전에는 대부분이 목탑이었어요. 미륵사지 석탑은 목탑의 형식을 그대로 따르면서도 나무 대신 돌을 하나씩 다듬고 끼워 만든 탑이에요. 안타깝게도 지금은 6층만 남아 있어요.

돌을 깎아 부드러운 얼굴을 만든 석불

백제의 가장 뛰어난 석불은 예산 화전리 사면 석불, 태안 동문리 마애삼존불 입상, 서산 용현리 마애여래삼존불상이에요. 사면 석불은 이름 그대로 돌기둥의 동서남북 네 방향에 불상이 새겨졌어요. 태안 동문리 마애삼존불 입상의 '마애'란 돌을 깎았다는 뜻이고 '삼존불'은 불상이 셋이라는 뜻이에요. 태안 동문리 마애삼존불 입상은 다른 석불들과 달리 가운데 불상보다 양옆의 불상이 더 크고 씩씩해요.

백제의 미소, 서산 용현리 마애여래삼존불상

서산 용현리 마애여래삼존불상은 자연 절벽을 다듬고 깎아 세 개의 불상을 새겼어요. 가운데 불상은 여래입상이에요. '여래'는 부처라는 말이고 '입상'은 서 있다는 뜻이에요. 대부분의 불상들이 눈을 감고 미소를 짓는 데 비해 가운데 불상은 큰 눈을 활짝 뜨고 쾌활하게 웃고 있어요. 바로 백제의 미소로 유명한 불상이에요.

최고 금속 공예 기술의 부여 왕흥사지 사리기 일괄

백제 왕실은 절을 많이 지었는데 왕흥사도 왕실에서 지었어요. 〈삼국사기〉에 '절은 물가에 있고 단청과 장식이 크고 화려하며 왕은 자주 배를 타고 절에 가서 향불을 올렸다.'라고 했어요. 주변의 경치와 잘 어울린 아름다운 절이었지요. 이곳에서 나온 부여 왕흥사지 사리기 일괄은 청동 안에 은제, 은제 안에 금제 사리기가 있어요. 백제의 뛰어난 금속 예술 수준을 보여 주어요.

검소하면서도 화려한 백제의 솜씨

〈삼국사기〉에 백제의 왕이 위례성을 지을 때 '검소하되 누추하지 않고, 화려하되 사치스럽지 않다.'라는 말을 했어요. 이 말은 그 뒤로 더욱 발전한 백제의 예술 세계를 잘 나타내는 말이 되었어요.

백제의 문화를 만든 최고의 전문가 '박사'

삼국 시대의 박사는 전문 교육을 담당하는 관직이에요. 특히 백제는 학문뿐 아니라 뛰어난 기술을 가진 사람도 박사라고 부르고 관직을 주었어요. 기와를 잘 만드는 '와박사', 천문 전문가를 '역박사', 불탑 전문가를 '노반박사'라고 부르고 대접했어요. 깊이 있고 섬세한 백제의 예술은 박사들의 손에서 이루어졌어요.

종이에 그림을 그리듯 금속을 다루는 솜씨

칠지도에서 시작한 백제 금속 공예품은 무령왕릉 유물과 금동대향로에서 꽃을 피워요. 무령왕의 금귀고리, 은팔찌, 동탁 은잔, 베개 등에 아로새겨진 백제의 솜씨는 누구도 흉내 낼 수 없게 우아하지요. 특히 은과 동으로 만든 동탁 은잔에는 연꽃을 들고 날아가는 새와 불을 뿜는 용, 상상의 나무 들이 새겨져 불교와 도교의 세계를 표현했어요. 백제의 금속 예술 솜씨를 한껏 뽐낸 작품이에요.

그림 속에서 살아 움직이는 부드러운 곡선

백제의 그림은 거의 남아 있지 않아요. 무령왕비의 베개와 송산리 6호분이나 능산리 고분에 그려진 사신도 정도예요. 베개는 옻칠을 하고 그 위에 거북 등 무늬를 그리고 비천, 물고기, 새, 연꽃 그림을 그렸는데, 마치 살아 움직일 듯해요. 사신도에는 백호나 주작, 현무, 청룡이 있는데 지금은 희미한 흔적만 남았어요.

부드럽고 정교한 토기

흙으로 구운 토기는 생활용품과 제사 그릇으로 쓰였어요. 백제의 토기는 고구려, 신라와 뚜렷하게 구분되는 부드러운 곡선과 정교한 무늬가 특징이에요. 다리가 셋인 그릇이나 검은 토기를 만들었어요. 바닥에 구멍이 뚫린 시루로 음식을 해 먹었다고 해요.

벽돌, 기와 한 장에도 드러난 멋

한성 시대부터 백제 사람들은 기와에 나뭇잎 모양을 새겼어요. 무령왕릉의 벽돌에는 연꽃무늬가 아름다워요. 사비 시대의 담장이나 성벽을 쌓는 전돌에는 산수, 봉황, 귀신의 얼굴 들을 돋을새김으로 담았어요. 이처럼 백제 사람들은 벽돌이나 기와 한 장, 치미에도 최고의 솜씨를 부렸어요.

고구려　　　　　신라　　　　　　백제

계백의 결사대가 죽음을 맞이한 황산벌

신라와 당이 연합해 백제로 쳐들어오자, 계백은 5천 명의 결사대를 이끌고 황산벌로 달려갔어요. 계백의 군사는 죽을 각오로 싸웠지만 결국 패하고 말았지요. 황산벌의 패배는 백제의 멸망을 불러왔어요.

죽음을 각오한 계백

계백은 황산벌로 나가기 전에 가족을 만났어요. 계백은 아내와 자식에게 '한 나라의 힘으로 신라와 당의 큰 군대에 맞서야 하니, 나라가 어찌 될지 알 수 없다. 나의 아내와 자식이 잡혀 노비가 될지 모르니 살아서 욕보는 것이 죽는 것보다 못하다.'라며 스스로 아내와 자식을 죽였어요. 자신도 나라를 위해 목숨을 버릴 각오를 했던 거예요.

신라를 네 번이나 이긴 계백군

계백은 '중국 월나라 구천은 5천의 군사로 오나라의 70만 대군을 무찔렀다. 오늘 마땅히 있는 힘을 다해 싸워 승리를 거두어 나라의 은혜에 보답하라.' 하고 군사들을 북돋웠어요. 비록 신라군이 5만, 백제군이 5천으로 10대 1의 전투였지만 계백의 군사들은 네 번이나 신라군을 막아 냈어요. 하지만 백제군은 서서히 지쳐 갔어요.

관창의 희생으로 힘을 얻은 신라

계속 백제군이 이기자 신라군의 사기가 떨어졌어요. 이때 신라 김유신의 동생 김흠춘이 아들 반굴에게 나라에 충성하라고 하자 반굴은 곧바로 적진에 달려가 싸우다 죽었어요. 그 뒤를 이어 관창 역시 아버지 품일 장군의 뜻을 받아 적진에 뛰어들어 죽었어요. 반굴과 관창, 두 화랑의 희생으로 사기가 오른 신라군을 백제군은 이기지 못했어요.

계백도 감탄한 관창의 용기

관창은 백제군과 싸우다 사로잡혔지요. 계백은 어린 관창의 용맹에 감탄해 살려서 보냈어요. 하지만 관창은 다시 전쟁터로 나왔고 또다시 잡히고 말았어요. 이번에는 계백도 관창의 목을 베어 말안장에 매달아 돌려보냈어요. 관창의 용감한 죽음에 신라군은 싸울 힘을 얻어 승리했어요. 죽음을 두려워하지 않은 관창의 희생은 화랑 정신의 본보기로 여겨져요.

백제의 마지막이 잠든 평화로운 마을

논과 밭이 펼쳐지는 충청남도 논산시 연산면. 지금은 평화로운 마을이지만 1300여 년 전, 여기 황산벌에서 계백의 백제군과 김유신의 신라군의 싸움이 치열했어요. 지금은 백제 군사 박물관에서 그때를 느낄 수 있어요.

강하고 큰 나라 백제가 멸망하다

기원전 18년 온조왕부터 시작한 백제가 660년 의자왕 때 이르러 멸망했어요. 무역으로 번영을 누리고, 예술을 꽃피웠던 백제는 당과 신라 연합군의 공격에 무릎을 꿇고 말았어요.

의롭고 자애로운 해동 증자 의자왕

'의자왕'이란 이름은 의롭고 자애로운 임금이란 뜻이에요. 동쪽의 효성스럽고 총명한 사람, '해동 증자'라고도 불렸어요. 의자왕은 이름처럼 나라를 살피고 백성들의 마음을 보듬고 강한 나라를 만들려고 노력했어요.

신라를 공격해 영토를 넓힌 의자왕

의자왕은 나라를 튼실하게 하면서 고구려와 손을 잡고 일본과도 가깝게 지냈어요. 직접 전쟁에 나가 신라 성 40개를 빼앗았어요. 경주로 가는 길목 대야성을 함락시켜 신라를 위기에 빠뜨렸지요. 신라 진덕 여왕이 '신라는 작은 나라, 백제는 큰 나라'라고 했으며, 김춘추가 당 태종에게 '백제는 강하다.'라고 말할 정도로 백제는 마지막까지 강한 나라였어요.

신라 김유신과 당 소정방의 공격

동쪽으로 세력을 넓히고 싶었던 당은 백제가 고구려, 일본과 손잡고 강해지는 것이 탐탁하지 않았어요. 마침 김춘추와 김유신이 뜻을 합쳐 힘을 키운 신라가 도움을 청하자 당은 13만 대군을 보내 백제를 쳤어요. 당과 신라의 연합군 공격에 백제도 당할 수가 없었어요.

사비성은 무너지고 사라진 백제

당의 군대가 황해 바다를 건너 금강 하구로 들어왔어요. 또 김유신의 공격을 받은 계백이 황산벌에서 패했어요. 당과 신라의 군대가 사비성을 포위하자 의자왕은 웅진성으로 피난을 갔어요. 하지만 버티지 못하고 항복하였고 백제는 멸망했어요.

정말 낙화암에서 삼천 궁녀가 죽었을까?

백제가 멸망하자 삼천 명의 궁녀들이 낙화암에서 떨어져 죽었다는 이야기가 있어요. 이것은 사실이 아니라고 해요. 백제의 왕실에는 궁녀가 그렇게 많지 않았고, 의자왕이 사치를 부리고 놀기만 해서 백제가 멸망했다고 믿게 하려고 만들어 낸 이야기라고 해요. 그보다는 백제의 힘이 커지는 것이 못마땅했던 당과 기회를 얻은 신라의 공격 때문이라고 보는 쪽이 더 맞다고 해요.

백제를 다시 일으키리라, 부흥 운동

백제가 멸망한 뒤로 백제를 다시 세우려는 움직임은 4년이나 계속되었어요. 비록 성공하지 못했지만 백제 사람들은 당과 신라에 저항했어요.

당의 군사를 물리친 흑치상지
사비성이 무너지자 백제의 장군이었던 흑치상지는 임존성을 중심으로 백제 부흥 운동을 시작했어요. 부흥군은 3만의 군사를 모으고 소정방이 보낸 당의 군사를 물리쳐 2백 개의 성을 되찾기도 했어요.

복신과 도침과 왕자 풍
의자왕의 사촌인 복신은 승려 도침과 주류성에서 군사를 모아 부흥 운동을 했어요. 진압하러 온 신라의 대군을 물리쳐 간담을 서늘하게 했어요. 일본에 있던 백제 왕자 풍을 왕으로 추대하자 풍이 일본군을 거느리고 왔어요. 사기가 오른 백제 사람들은 신라와 밀고 당기는 싸움을 이어 갔어요.

서로 싸우고 죽인 지도층
성공하는 듯했던 부흥 운동은 지도자들이 서로 싸우면서 흔들렸어요. 복신이 도침을 죽이고 왕자 풍까지 없애려다 도리어 풍에게 죽임을 당했지요. 이때 흑치상지가 당에 항복했어요. 부흥군과 도와주러 온 일본군이 백강에서 패하고 풍은 고구려로 도망가면서 백제 부흥 운동의 불길은 완전히 꺼져 버렸어요.

나라 사랑의 상징이 된 부흥 운동
성공하지는 못했지만 백제 부흥 운동은 당의 욕심을 막아 냈어요. 웅진도독부 등 5도독부를 설치해 백제 전부를 지배하려고 했던 당은 사비와 웅진만 지배했지요. 멸망한 백제가 4년 동안이나 저항할 수 있었던 힘은 백제 사람들의 충성스러운 마음 때문이었어요.

왕으로 보는 백제

온조왕
- 고구려에서 남쪽으로 와 위례성에 자리를 잡음.
- 기원전 18년 백제 세움.

1 온조왕
2 다루왕
3 기루왕
4 개루왕
5 초고왕
6 구수왕
7 사반왕

고이왕
- 고대 국가 기틀 마련.
- 6좌평, 16관등제 만듦.
- 남쪽 지대 개간해 생산량 늘림.

8 고이왕
9 책계왕
10 분서왕

비류왕
- 김제 벽골제 지음.
- 어려운 백성을 살피고, 곡식을 나눠 줌.

11 비류왕
12 계왕

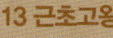

13 근초고왕
14 근구수왕

근초고왕
- 마한 정복, 고구려 정벌. 가장 넓은 영토 차지함.
- 일본에 칠지도 보냄.
- 역사책 〈서기〉를 만듦.

15 침류왕
16 진사왕
17 아신왕

침류왕
- 불교 공인.
- 절을 지음.

18 전지왕
19 구이신왕
20 비유왕
21 개로왕

개로왕
- 고구려 장수왕 침입으로 한성 빼앗김.

22 문주왕

문주왕
- 웅진으로 도읍지 옮김.

23 삼근왕
24 동성왕

동성왕
- 약해진 왕의 권위 바로 세움.
- 신라 귀족과 결혼.
- 중국 남제와 교류.

25 무령왕

무령왕
- 일본에 오경박사 보냄.
- 하천의 제방을 정비함.
- 중국 남조 양, 일본과 교류함.

26 성왕

성왕
- 사비로 도읍지 천도.
- 나라 이름 '남부여'로 함.
- 한강 하류 되찾음.
- 관산성 전투에서 전사함.

27 위덕왕
28 혜왕
29 법왕
30 무왕

무왕
- 서동 왕자로 불림.
- 익산 경영.
- 미륵사를 지음.

31 의자왕

의자왕
- 해동 증자로 불림.
- 신라 40여개 성을 빼앗음.
- 나당 연합군 침입으로 백제 멸망.